青少年
性教育丛书

为生命护航

壹卡通动漫 编绘

陕西出版传媒集团
陕西科学技术出版社

图书在版编目(CIP)数据

为生命护航 / 壹卡通动漫编绘. -- 西安 : 陕西科学技术出版社，2014.10
(青少年性教育丛书)
ISBN 978-7-5369-6260-6

Ⅰ. ①为… Ⅱ. ①壹… Ⅲ. ①性教育—青少年读物 Ⅳ. ①R167-49

中国版本图书馆 CIP 数据核字(2014)第 221597 号

青少年性教育丛书·为生命护航

出 版 者	陕西出版传媒集团 陕西科学技术出版社 西安北大街 131 号 邮编 710003 电话(029)87211894 传真(029)87218236 http://www.snstp.com
发 行 者	陕西出版传媒集团 陕西科学技术出版社 电话(029)87212206 87260001
印 刷	陕西金和印务有限公司
规 格	720mm×1000mm 16 开本
印 张	8
字 数	77 千字
版 次	2014 年 10 月第 1 版 2014 年 10 月第 1 次印刷
书 号	ISBN 978-7-5369-6260-6
定 价	19.80 元

preface 序言

对于性，你了解多少呢？我们从哪里来？为什么男孩子进到女厕所是件很害羞的事情呢？诸如此类的问题相信大家每天都会遇到很多。

这些问题在中小学生中尤为重要。首先，处于青春期的中小学生在身体开始发育后，面对生理和心理上的变化，常会感到惊慌失措，甚至以为自己得了什么病，所以，很想了解自己和异性的身体为什么会发生这样的变化，对性知识表现出极大的兴趣。其次，由于目前我国性教育的不足，不少中小学生出现性道德扭曲、感染性病、堕胎、性犯罪等问题，严重危害到了中小学生的身心健康。

中小学生是祖国的希望，青春期正是中小学生长身体和长知识的重要时期，因此，保护和引导中小学生健康发育和成长至关重要。

本套图书从不同角度引导和告诉了中小学生，如何树立正确的性观念、学会保护自己、解决性困惑、促进性健康等，并向中小学生介绍了预防性病、艾滋病的基本知识，使中小学生在成长的过程中，正确理解性知识，培养积极健康的人生观。

introduction 人物介绍

>>>

朵洛洛

充满活力，具有恒心，为了目标坚持不懈，富有爱心和正义感。

杜子炎

聪明冷静，爱动脑子，有优秀的逻辑推理能力和创造力，关键时刻总能帮助团队化险为夷。

龙菲菲

活泼可爱,真诚善良,是一个和善、宽厚、温柔、美丽的女孩。

费嘟嘟

嫉恶如仇，爱助人为乐，体型较胖,是个大力士。

contents

目录

第1章

转校生——小杰

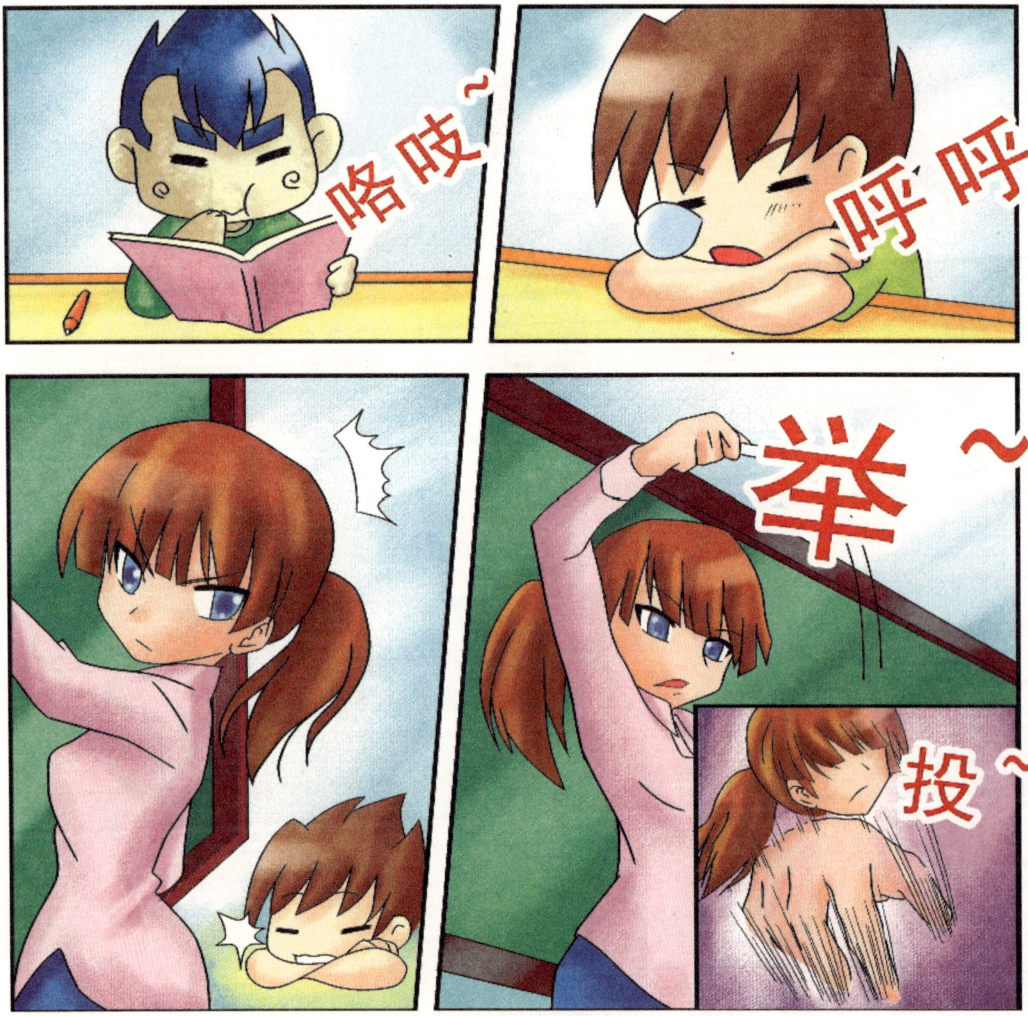

嗖~
啪！！
哼哼，被击中了无数次，已经有了第六感。
自己出去！
咳~
费嘟嘟，上课不许吃东西！
惊！
唔唔。

都怪你，不然老师也不可能逮到我。
明明是因为你吃东西发出声音，我才被罚站的！
费嘟嘟你放哨，趁老师出去，我要再睡一会。
啊唔唔
发现！
啪
快醒醒，老师要来了。
咦，那应该是个转校生吧？

回去写检查吧。
嘿嘿~
朵洛洛你这个月都已经写了好多检查了吧？
你是恶魔吗……
这是我们班新转来的同学。让他来做个自我介绍吧。
大家好，我叫小杰，以后请大家多多关照。
害羞~
杜子炎那边有空座位，你就坐那里吧。
你好，我叫杜子炎。
……

管你叫什么。
怎么还不下课。
根据时间设定，下一格应该就有下课铃。
丁零零~

终于下课了！放学啦！
嘻嘻~
你们今天看到那个转校生了吗？
嗯，看起来很乖的样子。
学习一定很好！
你们没看出来吗？其实他……
嗯？

那个应该是小杰，其实他很恐怖的……
没觉得啊……
哇！总之他是个奇怪的家伙，我们最好离他远一点……
哪里哪里？我看看！
我觉得他很正常呀！杜子炎你是不是出现幻觉了？

那应该让费嘟嘟小心点，坏孩子都爱欺负小胖子！
你说谁是坏孩子……
没天理啊！
真拿你们没办法。
我到家喽！大家明天见。拜！
明天见！
拜拜！
写检查也难不倒我！
不，不行了……

朵洛洛你怎么了,昨天没休息好?
写检查写了一夜!
活该!谁让你上课睡觉的。
没同情心的家伙……
Z
Z
~
哇啊啊啊啊!
啪!
起立!
我没有睡着!

哎？
糟糕了……
心虚~
是这家伙！
嘿嘿~
怒！
自己出去！
这次睡觉竟然被老师砸到了！实在太奇怪了。
是小杰干的，我看到了！
哎呀！你怎么老说人家坏话！
听说那个转校生的爸爸得了艾滋病，是一种怪病，只要被传染就会死的！
好恐怖啊！

相关知识

什么是艾滋病

谈“艾滋病”色变，究竟什么是艾滋病呢？

艾滋病全称为获得性免疫缺陷综合征。艾滋病患者会引发一系列的机会感染，最终导致患者死亡。

性传播疾病与艾滋病

性传播疾病种类较多，艾滋病是其中的一种。它的传播途径相似，主要是通过性行为或类似性行为的途径来传播的。

艾滋病虽然属于性病的一种，但是艾滋病的病征及后果与一般性病大不相同。艾滋病病毒进入人体后要经过数年，甚至长达十几年的潜伏期以后才发病。一般来说，性病可以治愈，而艾滋病目前还无法完全治愈，而且它还是一种死亡率极高的传染病。

第2章

小杰是问题儿童

喂！什么是艾滋病呀？
电视上说，得那种病的人只剩下皮包骨头，很吓人的！
杜子炎你知道什么是艾滋病吗？
艾滋病简单来说就是……

听说是治不好的，我也就知道这么多了。咱们还是回教室吧。
绊倒！
啪！
喂！你没长眼睛吗？踩到我的脚了！
你们看，我就说他是不良儿童吧！明明是他绊倒人家的……

呜呜~对不起！
他真的是问题儿童的话，会不会也来欺负我啊?!
肯定的！所有漫画设定里，胖子都要被欺负！
嗷~
嘿嘿~
可是我觉得小杰不是那样的人啊！
打开！
啊！

嗯？
啊啊
龙菲菲你怎么啦？
文具盒里面有虫子，快扔掉它！
哼哼，包在我身上！
等等！我的文具盒……
嘿呀！
嗖~

嘿嘿！威胁解除！不必谢我啦。
看锤！
你居然还有成就感！把我的新文具盒扔到哪里去啦?!
嗖～
哇啊
太过分了！肯定是小杰做的好事！
你的恶作剧适可而止吧！
就这样倒下了吗?
呜呜～

妈妈，什么是艾滋病啊？
那是一种很严重的病症，死亡率很高的！
会传染吗？
会，但普通接触不会传染，比如握手啦什么的。
我有一个同学的爸爸得了那种病。
惊！
那你可要离他远点！不要和他玩！
你刚才不是说没事的吗？
嗯？

那也得以防万一！
这种说法太不科学了。其实只是一块玩是没事的，更何况是到了学校，肯定是没问题的。
爸爸，是真的吗？
那为什么大家都害怕他呢？
就是因为不了解，所以才会害怕！
在之后的几天里，小杰的爸爸因怪病死掉的事在学校蔓延开来，大家都刻意疏远他。
而小杰的恶作剧也愈演愈烈，最后老师不得不把他的妈妈叫到学校来……

他们在说什么呀？
不知道，反正不会是写检查那么简单。
你上次睡觉那份检查好像没写吧？
我……给忘了！
抚摸～
我不要你管！

嘻嘻~
你们是小杰的同学吧?
嗯！他总是在班里欺负我们。
抱歉啊,都是我没管教好,其实他以前很听话的……
为什么他变得不听话了呢?
唉~
自从他爸爸不在了以后就变成这样了。

放心吧，阿姨，我们会和小杰成为好朋友的！
呵呵！小杰能和你们这么可爱的孩子做朋友真是太好了！
要是在路上看到他，告诉他早点回家吃饭。那我就先回去了。
再见！
放心吧！阿姨再见。

艾滋病孤儿的心理

比起因病痛折磨而去世的亲人，心理“病毒”也在不断地折磨着这群无辜的孩子们。

艾滋病孤儿由于父母亲双亡或者单亡，容易产生孤独感。这些孩子不论是不是自己已感

染艾滋病，都会背上沉重的心理包袱。他们普遍存在着消沉、自卑、自闭以及偏执等心理问题，甚至有仇视社会的心态。如果不及时加以疏导，这些“心理阴影”会伴随其一生，影响他们的健康成长，甚至成为社会隐患。

第3章

揭开小杰的秘密

忽然觉得气氛
沉闷了。
是啊，光想想就
觉得头疼啊。
总感觉会陷入灰
暗的回忆一样。
唉~

小杰身边曾经拥有许多朋友。大
家也都十分喜欢他。
哈哈！

自从小杰的爸爸去世之后,生活改变了。
孤独
小杰的朋友们纷纷离他而去。
为什么变得这么伤感啊!
你知道吗？小杰的爸爸得病死了,好像还会传染!
我们不和你玩！你有传染病!
啊!
实在太可怜了！我快看不下去了!

不是的，我没有。
传染病！小瘟神！小瘟神！
传染病！
实在太过分啦！
正义何在？
每次小杰受欺负，他的
妈妈就会为他转校……
但是……都是一
样的结果……
变化！
终于，小杰开始
变坏……

忍者！
他终于领悟了忍耐的极致——“忍术”之道！并且准备向小朋友们复仇……
难道是这样？
这是穿越了吗？
站在那么高的地方一定看得很远！
好像有点帅的样子。

揪～
啊！
虽然做得过火了点，不过他的经历已经很清楚了。
就让我们帮他脱离苦海吧！
这样下去可不行！
赞同！
嘿嘿～

啊！找到了，在那里！
我们去安慰安慰他吧。
OK。
瞪！
唔！果然是个恐怖的家伙……
又出现幻觉了？
突然想起一件急事！先行一步！那家伙就交给你们了！

我才不要被欺负！杜子炎等等我！
什么啊？溜得一个比一个快！
跑！
这时候就应该看女生的！
加油！
杜子炎，你们等等我！
耶？怎么回事？
女生这么怕虫子……

嗯？
你难道不怕我传染艾滋病给你吗？
我知道你没有艾滋病的，只是他们误解你罢了。
其实你只要不欺负别的同学，也是很受欢迎的。
……

不管怎么样,你都要做好自己,
欺负别人是无法得到尊敬的!
来吧,我们一块回家吧!
嗯。
真是对朵洛洛
刮目相看了!
干得漂亮!
太不可思议了!
呵呵~
喂,等等我们!

相关知识

第三章 艾滋病的危害

1.对患者自身的危害

艾滋病病毒侵入人体后，会破坏人体的免疫系统，使人体抵抗力降低，给各种病原微生物以可乘之机，甚至原来不致病的微生物也会引发疾病。它还会使已经感染其他性病的细菌或病毒更加猖獗，致使诊治性病变得复杂且困难。

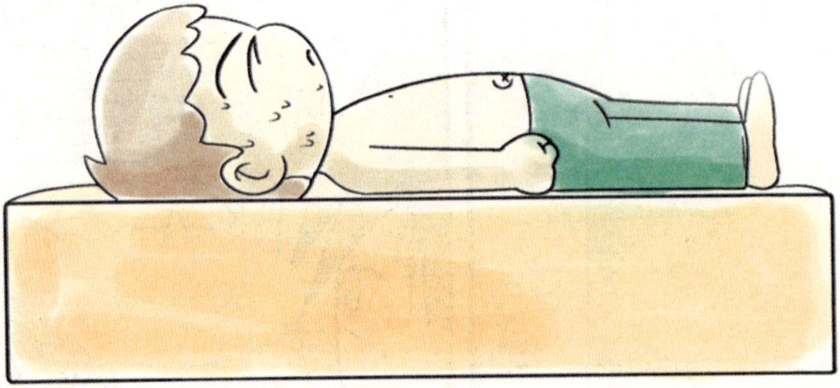

2.对他人的危害

感染者若将艾滋病病毒传染给其他人，就会对其他人带来极大的痛苦。

3.对家庭的危害

艾滋病会导致家破人亡，许多孩子会因为爸爸或妈妈死于艾滋病而被歧视，给孩子身心带来巨大创伤。

第4章

他的家中发生了什么

即使得了感冒也无法治好，最终导致人的死亡。
没听懂……
听不懂~
让你这种智商的小孩听懂太难了！
对了！听说老师会让上次来的王医生讲解！
泪~
不能再继续这个话题了……
那就好，艾滋病不仅容易夺去人的生命，还会给人造成沉重的心理负担！

哈哈~
哈哈！是啊！知道自己会死，可又不知道什么时候死，肯定心里不好受的，哈哈。
恐怖！
那个，我是说……
踏踏~
谁？

这不是医生吗？
好久不见
张老师，好久不见。
你你你……变化很大啊！
热恋中的男人总是多样性的！

喂！你在孩子们面前收敛点！
呵呵，忘记我在教室里了！
呆立……
你看！都让你教坏了……
我觉得他们很棒、很聪明啊！
老师，我们不介意！
那么就让王医生来为大家上一节医学课吧！
包在我身上！

小朋友们好啊，哈哈……
叔叔好！
叔叔好！
你们还是叫我王医生吧……
啊，小杰也在啊！
我……我有点不舒服，先回去了！
王医生再见。
嗯，再见。

大家知道艾滋病吗？
举手~
会传染！！
只要得了就会死掉！
小杰的爸爸就是得艾滋病死的！
竟然说出来了，好过分啊。
你们说的都没错，小杰的爸爸是我的同事。他为艾滋病的防御和治疗做出了很大的贡献！
大家知道艾滋病的传播途径吗？
不知道！

主要有以下三点……
性传播
母婴传
性传播、母婴传播和血液传播。
举手~
什么是性传播？
性传播
就是通过同性和异性之间的性行为导致的艾滋病！
同……同性也可以？
脸红~
你脸红什么啊？
怒~

咳~
咳！那不是我要说的重点，重点是性行为是一种传播途径，还有血液传播，比如吸毒的人……
为什么吸毒的人不去买一个针头用呢？
就跟抽烟一样吧，有时候会忘记带打火机。
这位小朋友比喻得很形象！
其他的情况是不会传染的，比如在一起生活、吃饭、握手和礼节性的亲吻。

而且，小杰之前在我们医院检查过，是没有问题的！
知道啦！
那小杰的爸爸是怎么去世的？大家总在议论这个……
小杰的爸爸是我的老友，也是艾滋病的主治医师。
他从事这方面工作很久了，每天都在为减轻病人的痛苦和延长他们的寿命而努力着。
或许是某一天身上的伤口刚好接触到病人的血液，就这样病毒在他体内……

相关知识

传播途径

艾滋病主要通过血液、性接触和母婴三种途径传播。其中,以共用注射器导致的血液传播为最多,传染也极为迅速。

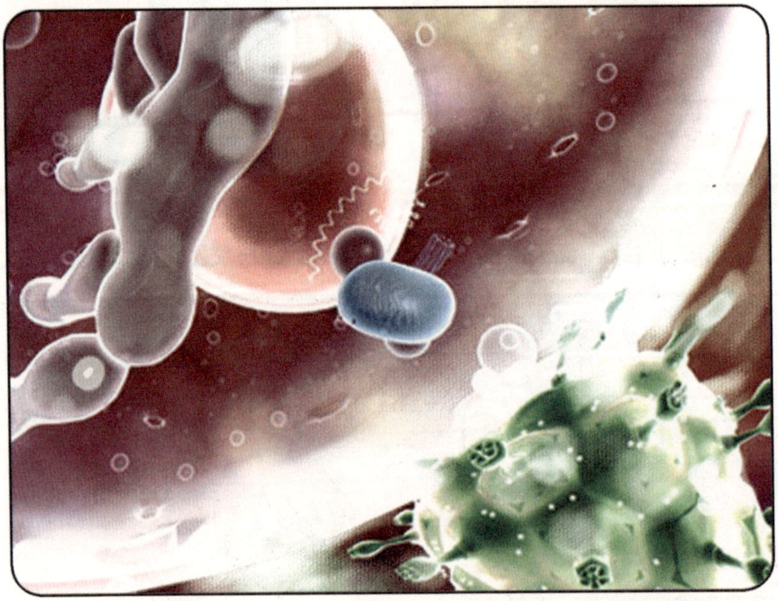

在工作和生活中，与艾滋病病人和艾滋病病毒携带者的一般接触，如握手、共同进餐、共用工具和办公用具等不会感染艾滋病。艾滋病也不会经马桶座圈、电话机、餐饮具、卧具、游泳池或公共浴池等公共设施传播。咳嗽、打喷嚏以及蚊虫叮咬也不会传播艾滋病。

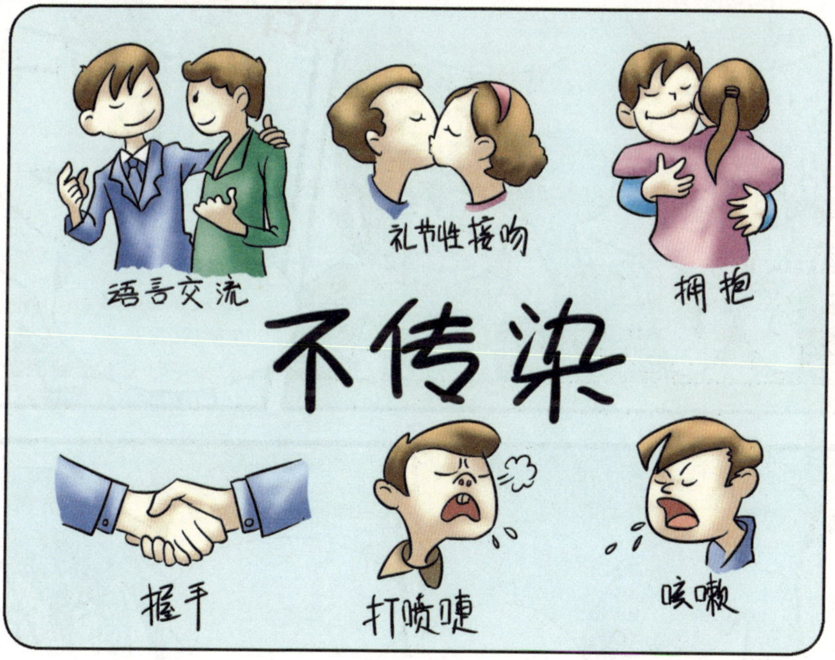

第5章

千万不要伤害自己

那就是不要吸毒！
呱呱……
明明是在敷衍我们……
哼！
不不！始终觉得你们离艾滋病还很遥远！
要做到洁身自好！
没听懂……

比起如何预防，你们不如想想如何消除歧视，大家应该和小杰成为好朋友才对！
嗯！我们会和小杰成为好朋友的！
嗯！
对了，不洁性行为不仅会传染艾滋病，还会传染很多的性病。对自己和他人都会带来很大危害。

什么是性病？
性病是十分可怕的疾病。
这种病一旦染上有些很难治愈，容易留下后遗症。它不仅会损害人类的生殖器，甚至还能损害心脏、大脑等重要器官，导致死亡。

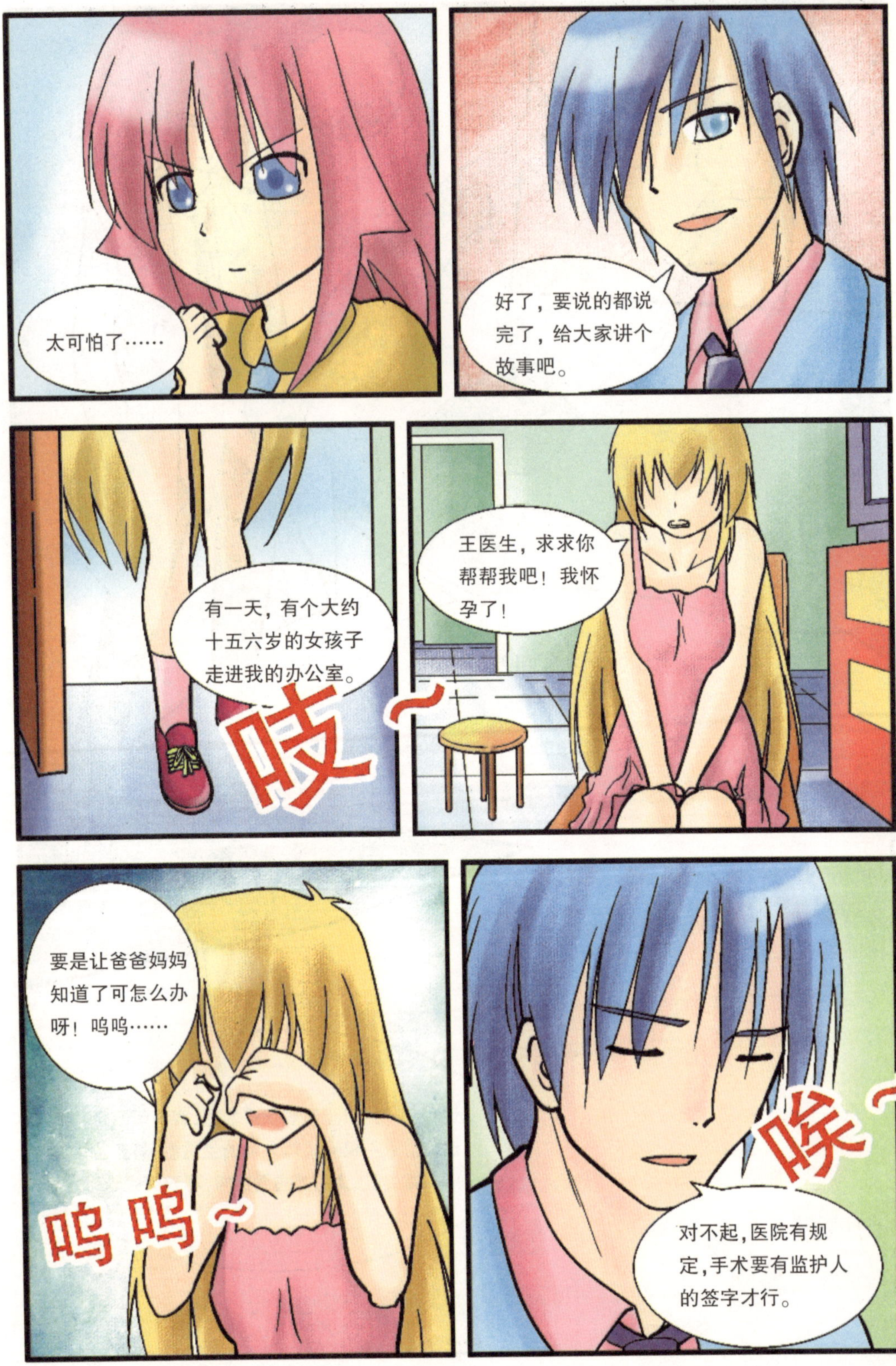

太可怕了……
好了，要说的都说完了，给大家讲个故事吧。
有一天，有个大约十五六岁的女孩子走进我的办公室。
吱～
王医生，求求你帮帮我吧！我怀孕了！
要是让爸爸妈妈知道了可怎么办呀！呜呜……
呜呜～
唉～
对不起，医院有规定，手术要有监护人的签字才行。

住宿
呜呜～
由于医院的规定，我没有同意为她做手术。于是她找了一家小诊所。
无痛人流

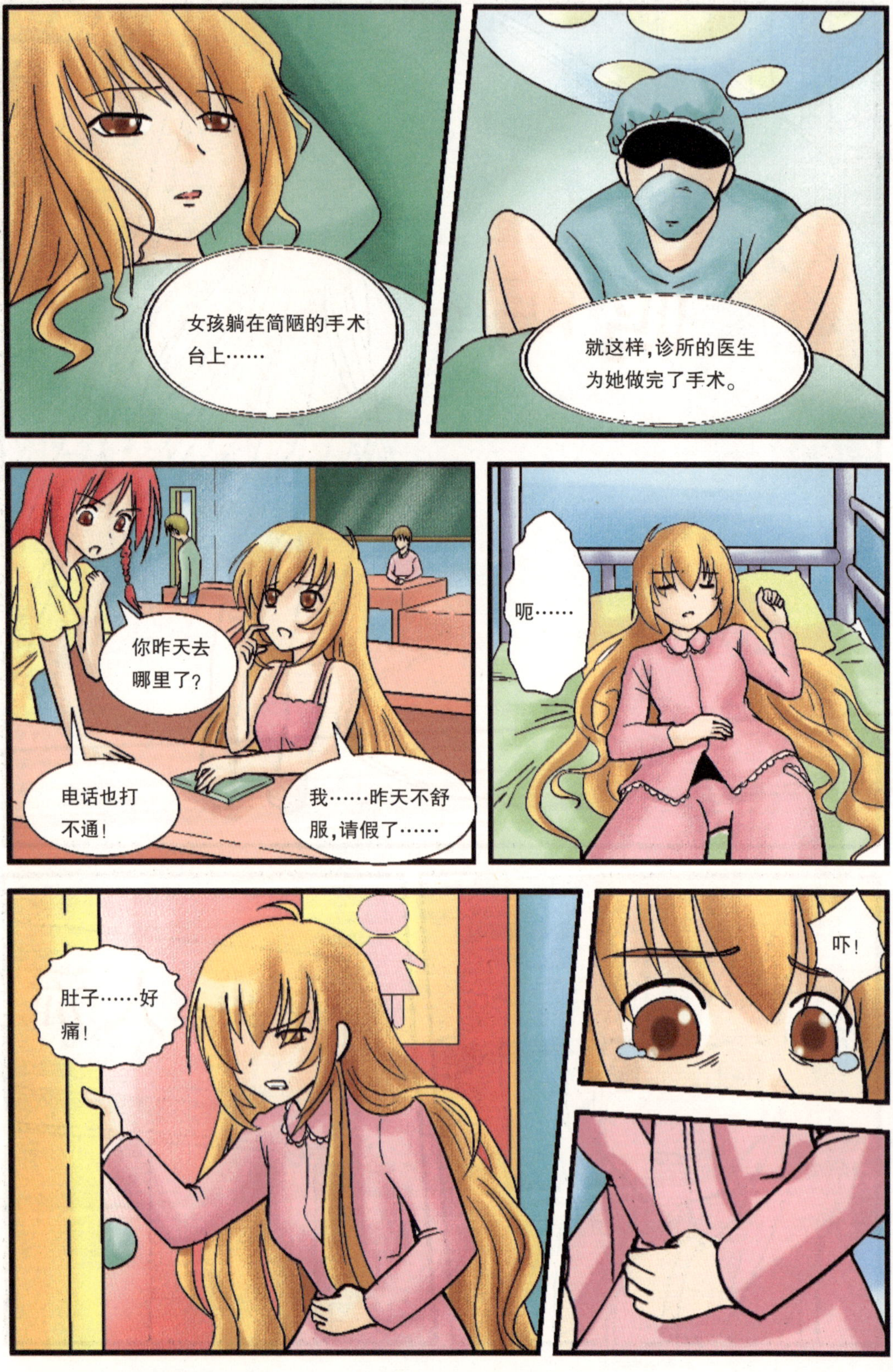

女孩躺在简陋的手术台上……
就这样，诊所的医生为她做完了手术。
你昨天去哪里了？
电话也打不通！
我……昨天不舒服，请假了……
呃……
肚子……好痛！
吓！

不幸还是发生了，当我推着病人的推车时认出来是前不久找我求助的女孩。
呼呼~
唉~
由于小诊所江湖医师的疏忽以及糟糕的手术环境，最终造成女孩的子宫穿孔和感染，发生了大出血。
还好抢救及时，才把她从死神手中拉了回来！

我国未婚青少年中，22.4%的人曾有婚前性行为。其中有51.2%的青少年在性行为过程中并未采取避孕措施。
意外怀孕事件频频发生。其中有91%的女孩子在怀孕后选择各种方式进行流产。这对她们的心灵和身体都造成了巨大的伤害。
全球每年有6000万例人工流产。中国有77%的年轻人不了解避孕的相关知识。每年有100万17岁以下少女怀孕的案例。
一些数据说起来十分可怕。

都怪男生太差劲了！
是两个人都有责任吧？
还顶嘴！
哼！
可是！万一出现了这种情况，她们一定很害怕吧？那她们该怎么办呢？
首先要及时告诉自己的父母，这不是未成年人自己能应对的事情。爸爸妈妈可能会震怒，但是他们还是会积极地帮助孩子们的！
可怜天下父母心啊……

相关知识

爱护自己

青春期女生身体和心理发育逐步成熟，充满了对“性”的幻想、好奇和冲动。同时，青春期女生像含苞未放的花朵，避免不了色狼的惦记。

如果青春期女生怀孕了，千万不可以一个人去小诊所等私人医院做流产手术。因为小诊所医疗设施条件差，环境恶劣，医疗技术也不如正规大医院，容易感染一些疾病。更不能一个人悄悄喝下流产药物，一定要告诉爸爸妈妈或者长辈。家永远是最温暖的避风港，总会给你无微不至的呵护。

另外，对于青少年来说，要将全部精力放到学习上，洁身自好。社会上的诱惑很多，一定要学会保护好自己。

第6章

梦想是得到一个拥抱

竟然不理我！
说话呀。
……
啪～
哎呀！
你这家伙又想害我出丑吗？
不是我啦！
哼哼……
哼！
出去！
出去！

嗯？
上次真是对不起了！送你一个新文具盒好了。那个，这周周日是我的生日……
总觉得怪怪的！
阴谋吗？
抗拒感油然而生……
欣然接受
嗯！好啊！

那就这么说定了！
咱们周末见！
再见～
你怎么那么快就答应了！万一是恶作剧怎么办呢？
我一看到礼物情不自禁就……

听你这么一说，我真的开始担心了！你们当时怎么不提醒我呀！
先确定一下小杰送我的文具盒有没有问题吧！
嘿嘿，找到了！
你确定想要打开吗？
轰～
里面说不定是炸弹哦！
嘶～
或者是会吃人的虫子！
紧张～
不管怎样，我要打开了！

没有炸弹和食人虫耶！
呼……虚惊一场。
呼~
呼~
对了，小杰邀请我们周末去他家做客，他过生日。
明明是你自己答应去的……我们才不要去。
等等！你冷静一下！
啪~
我们去。

时不我待，行动起来
TIME TO ACT

杜子炎,为什么今天到处都能看到有关艾滋病的海报啊?
今天是 12 月 1 日,世界艾滋病日,所以世界各地都在宣传和普及艾滋病的知识。
哈哈,你真是活体百科全书!

看！我们到小杰家了！
啊？
好大的房子！
我要敲门了哦！
等等，万一他家里全是恐怖的陷阱怎么办？
呜呜～

我已经按过门铃了。
丁零零~
哈！你们来啦！快请进吧！
吱呀~
小杰的家里一点都不恐怖！很漂亮！
小朋友们快请坐，蛋糕准备好了！
嘻嘻~

糟了！我们都开始吃了，你还没有许愿呢！
嗯……我希望……
不可以说出来哦！
哈哈。
哈哈～
祝小杰生日快乐！
呵呵～
谢谢大家，我的愿望已经实现了……

相关知识

歧视问题

曾有一位女性，她的丈夫死于艾滋病。她丈夫去世的原因很快被传播出去，无辜的女儿也因为这个缘故被拒之校门外。这样的事情屡见不鲜，歧视比病毒更加可怕。

艾滋病孤儿受误解和歧视的现象在中国十分严重，这些特殊孩子无法享有和普通孩子同等的权利和机会。大量艾滋病孤儿不但生活极为艰辛、被迫失学流浪，而且深受歧视，得到的救援也非常有限。

艾滋病孤儿是社会中相当脆弱的一个群体，父母去世，缺少亲情；外界歧视，孤苦无助；没有经济来源，他们的营养、医疗和受教育的权利得不到保障。

第7章

危险就在身边

叮咚！
丁零零~
啊。
大家都在啊！哈哈。
王医生好！
呵呵~
小杰的爸爸去世了，小杰今天过生日，我当然要来看看他了！对了，一会儿我要去做艾滋病防疫宣传！
给好吃的我也去！
吃~

太好啦！我们刚好缺少爱心使者！
你还没说给好吃的呢！
啪！
大家一块去吧！是吧？小杰。
呃，嗯。
呵呵……
让世界充满爱，消除歧视……
好热闹啊！

为什么志愿者都带着红丝带啊？好漂亮！我也想要一条！
我为你们每人都准备了一条呢！带上这个，你们就是爱心志愿者的一员了！
这样啊！谢谢王医生！
红丝带是对艾滋病认识的一种国际符号。表明了人们理解和关心那些活着的艾滋病病人，同时也缅怀那些死去的艾滋病病人。

快看！那边有个大哥哥在发小礼物！
在哪儿？
看！
呃！突然感到脊背有一丝凉意？
嗯？
大哥哥我也想要！也给我一个呗！

这些是套套啊！不是玩具啦！
啊！
你这样我很困扰啊！
什么？
嗖~
难道他真的会忍术？这不科学！
这是什么？
是避孕套。
你们不可以抢东西哇！
明明是气球嘛！
吹~

不就是个狼牙棒气球吗？
有什么好大惊小怪的。
呵呵！
你很喜欢狼牙棒是吗？
等等！你冷静一下！
到火星和你的狼牙棒共度余生吧！
叮！
怎么会这样哇！啊！
哈……

太强悍了！龙菲菲一直这么霸气吗？
偶尔啦，那还不是她使出全力的一击。
在这个世界上平均每天都会有 7000 人感染艾滋病。每年有 180 万人因艾滋病死亡！79%集中在中低收入国家，比如非洲尤其严重！
Mr. King

呼呼……
打搅了。
嗯?
嗯
?
听说河南有一个“艾滋病村”,那是真的吗?
的确有这么个村子,我去过那里。那是河南的上蔡县文楼村。这个村子曾经有过大批村民卖血的事。结果很多人感染了病毒。全村有 343 人感染了艾滋病。
所以要提高人们的防范意识,警惕可能会传播艾滋病的高危人群。 最重要的是远离毒品、养成良好的生活习惯。

那些就是因艾滋病而失去家庭的孤儿们，然而歧视将伴随他们的整个童年，甚至是一生！
哈哈～
看到他们就让我不由想起儿时的经历。
King 先生，你又在回忆你那悲情童年啦？
呵呵，不由得……
呵呵～
杜子炎你在这儿啊！大家都在找你呢！
不好意思。
King 先生，不介意的话我想知道你的童年都发生了什么！
呃！

放手啊！
快讲嘛快讲嘛！我还要再听一遍！
呵呵～

大人们总是这么亲近的吗？
呃……

相关知识

如何预防性病

为了保证我们的身体健康，我们中小学生在生活中一定要注意做好性病预防工作。

1.认识性病

中小学生应阅读与性病有关的科普书籍，以便对性病的危害性、传播途径以及预防方法有一些基本了解。

2.避免早恋

中小学生应努力学习，完成学业，避免早恋，不看黄色书籍及影视录像。

3.克制自己的性冲动

处于青春期的中小学生一定要学会克制自己的性冲动,学会保护自己,必要时使用安全套。

4.父母关注

父母要对孩子的生殖器健康加以关注和引导,中小学生有疑惑的地方可以请教自己的父母。

5.老师教育

学校应传授一定的预防性病的知识,使中小学生有一定的预防性病的知识。

第8章

一个关于童年的故事

不要突然出现啊！
哈，既然听众都是小朋友，讲讲也无妨。
呃……
啪～
哎呀！

我出生在加拿大的一个艾滋病家庭中，很小的时候就变成了孤儿。当然我是没有艾滋病的啦……
因为歧视而被排挤，亲戚都拒绝抚养我，幸运的是一座郊区的孤儿院收留了我。

呜呜呜呜！
唔哇！太可怜了！
呜呜～
哪有那么夸张……

这是一座很大的老房子，里面有很多房间，然而，有一个房间很特殊。
嗯？

嗯……
那是一个在地下室入口旁的房间，除了每天有人去送饭，还有医生出入。可从来没见过房间的主人出来过。
呼呼……
在强烈的好奇心促使下，我决定一探究竟！
咯吱
是妖怪吗？
肯定是外星人！
哈哈……都不是啦！
呵呵~

房间里只有一个和你们差不多大的小女孩。
呃！你好！我叫……
对不起！
害怕～
不要过来！
这么说你从来没有见过别的小孩子？也没人和你玩？
嗯，只有杰克和我玩。
这位是杰克！

怎么会这
样……
安娜！我的名字。
我叫 King。
因为安娜不幸遗传了艾滋病而被隔离起来。
人们害怕感染这种病，很少有人来探望她。
甚至禁止她与其他孩子接触，让她独自一人
生活在这个房间里。
我向她诉说着外面的世界，
并答应她每天都会来找她
玩。

许多天过去了，安娜变得比以前开朗许多。
呵呵～
可是有一天我被监管人员发现了……
吱呀～
放开我！
King!
就这样，我们被分开了。
啪～
King……

可恶！
气死我了！大人的做法太可恶了！
那后来呢？
呜呜~
后来……
院长得知了此事后非常生气。
我可不想让任何正常儿童接触到那小东西。
万一被感染导致死亡。
会让我们孤儿院蒙羞的！
安娜的房间被全天监管起来。
唛~

之后她的病情开始恶化。
咳
咳~
安娜！
唉~
不久安娜就在医院
离开人世了……
她被安葬在孤儿院中的一棵枫树
下。平时只有我和那位照顾过她
的医生来探望她。

抚摸～
ANA
1979 1984
即使是现在，每到安娜离世的那天我都会去她的墓前看看。告诉她每年发生的趣事和我知道的新故事。
呵呵～

相关知识

饮食及心理护理

饮食护理

艾滋病患者应保证足够的能量，配制合理的饮食，荤素搭配，少食多餐。注意饮食卫生，尤其不进食生冷肉食。腹泻及消化不良的患者应保证足够水分摄入，多进食液体食物。保持适当锻炼和良好心情，减轻心理压力。

心理咨询

爱滋病患者不仅要面对疾病的折磨、死亡的威胁，还要承受来自社会和家庭的压力和歧视，因此常常出现情绪异常甚至自杀倾向。这就需要加强心理疏导，密切观察患者的心理变化，注意倾听患者诉说，建立良好的信任关系，帮助他们树立起对生活的信心和希望。

第9章

艾滋病，并不可怕

等我长大了也要
成为一名医生。
嗯！
等我长大了也要
成为一名医生。
其实小孩子是没有歧视这种观念的，都是
受成年人对艾滋病盲目的恐惧影响的。
所以在教育孩子的时候只会
说“别和他玩”之类的话。

对于艾滋病人群来说，
歧视才是最可怕的。
哈哈~~
应该多一份理解和关爱，保持良好的心态，珍爱自己身边的人，毕竟，生命只有一次。

嗯！我们会铭记在心的！
决心！

你们不要突然这样子啊！
小杰！我们会关爱你的！

那为什么医学家不研制出一种可以治疗艾滋病的药物呢？
艾滋病非常特殊，它会摧毁人类的免疫系统。而我们使用药物的目的是激发自身的免疫系统，因此目前的药物对艾滋病都没有太大作用。
HIV
而且艾滋病病毒变异速度很快。使疫苗的研制变得非常困难。
S

那岂不是没有能够治疗艾滋病的药物了？
呵呵，明明是小孩子，总是愁眉苦脸的可不好哟！要抱着乐观的态度展望未来嘛，毕竟你们才是未来的主宰。
忧虑~
嗯！
他们都是从村子里接来的孤儿。你们互相认识一下吧！
你们好！我是杜子……

炎……唔哇
啊！
你好！我叫阿森！她
是阿林！
呀！
叮咣
叮咣
呵呵，别介意，他太
热情了。
啪！
没事没事！
紧张~
轰隆隆~
对了！忘记介绍
我的同伴们了！

哇！
蹬蹬蹬～
喂！你们去哪里啊？

我怎么知道？我看
你跑我才跑的啊！
我们为什么要逃
跑呢？

呼~
好累！
头好晕……
跑不动了！
嗯？
他们不是一直跑在我们前面的孩子么？
嗯，好像是。
咦？这是怎么回事？

你们跑哪里去了？害我们找半天。
哇！好大的包包！里面是什么？
是晚餐啦！你快下来！
活动结束了！特意准备了烧烤慰劳你们。对了，天不早了。我们要把阿森和阿林送回村子了。
滋~
啊！
不要！好不容易才认识的新朋友！
就是呀！
没关系，下个星期我们要前往村子发送补给物资。到时候带上你们吧。
好耶！

相关知识

民间团体的努力

艾滋病给患者的身心带来了极大痛苦，在中国也有以红丝带为代表的许多民间艾滋病救助团体。

这些团体都尽自己最大的能力来救助生活在艾滋病阴影中的人们。他们以向社会募捐等方式筹集资金，购买生活用品发放给需要帮助的患者。对于艾滋病孤儿，他们也积极想办法，帮助他们完成学业。

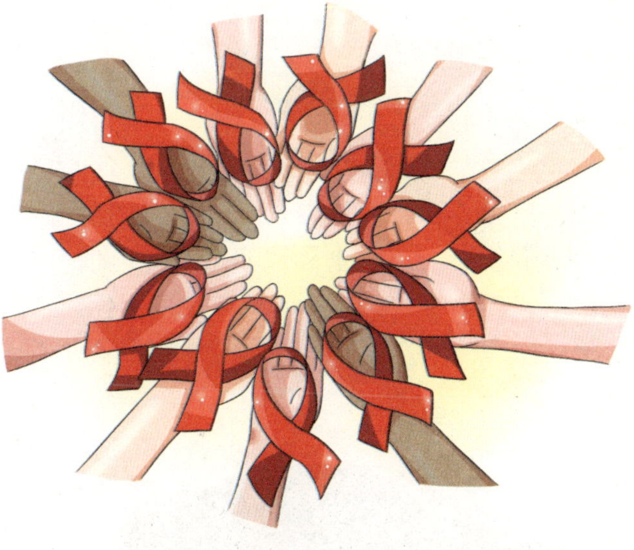

第10章

用行动消除歧视

哇，这里风景真不错！

袅袅炊烟~
是啊，谁会相信这是个被艾滋病“袭击”过的村庄？

王医生，那些车是哪儿来的啊？

他们是一些公益团体，大多是民间组织的。每隔一段时间都会来帮助艾滋病患者。

喂！这边这边！
快来~
哈哈~

好啦！你们快去玩吧！不要跑远了哦！
哈哈~
快来！带你们去个好地方！
这里是爸爸妈妈留下的红薯地。很不错吧？大家可以随便采摘！
哇！
哦！好厉害！
哇哈哈~
哇哈哈！好大一株！
使劲
嘿嘿……吃的！

这些红薯烤来给大家吃吧！
你们平时只吃红薯吗？
我们平时都在学校，学校给我们免除了学费。多亏了志愿者们的帮助，所以也没有那么难。
汪！汪！
汪！
是黄豆回来啦！
嗯，我们在村门口发现它的。现在它帮我们看家护院！
哈～
哇！好可爱！是你们的狗狗吗？
总觉得在哪儿见过……
盯～
看我干什么！

慢慢吃，还有很多哦。
哎呀好烫！
好香~
唔~
对了！听村里人说晚上有志愿者们组织的演出！
听起来不错！

哦。
呼噜噜~

朵洛洛你们快点，车子要开了。
你们是我们认识过的最棒的伙伴！
我们也很荣幸！
再见！
一定要常来玩啊！
汪~
拜拜！

要是有一种能够治愈艾滋病的药物就好了！
是啊，世界上对艾滋病始终没有有效的治疗措施。发放的药物也只能延长他们的生命。艾滋病会引起很多并发症和机会性感染，甚至是恶性肿瘤。
直到现在，世界对于艾滋病始终以防范为主。
所以要十分注意性安全。
丁零零~

大家明天见！
明天见！
拜拜！
哈哈～
妈妈！
怎么样？小杰是不是变了许多？
这是我们第一次冒险吧？
嗯，虽然没有惊心动魄的事发生，但却……
有种心灵的触动。
我好饿哦……

相关知识

关爱艾滋病患者

我们在日常生活中，要关心艾滋病患者。如果身边发现了艾滋病病毒感染者，不要害怕，更不能看不起、排斥他们。对待艾滋病病毒感染者的正确态度是：同情、关心并尽力帮助他们，使他们能够正常生活和工作，不扩散他们的病情。

那么身为中小学生的我们又能做什么呢?,应对艾滋病及其患者持一个正确的态度,艾滋病并不可怕,它不过是一种尚未被人类征服并正对人类健康造成极大伤害的普通病症而已。

让我们为人类早日征服此病魔而努力，也给千千万万艾滋病毒携带者更多的帮助和支持。同时,每一个健康人都应该更加珍惜生命，给那些尚在与这种可怕疾病做斗争的人们更加切实的关爱和关怀。

《为生命护航》通过转校生小杰的故事为大家普及了性病、艾滋病的相关知识，了解了预防性病、艾滋病的常识，并且告诉青少年如何正确对待和关爱艾滋病患者，培养积极健康的人生观。

《花开的季节》让女孩子了解自己身体的秘密，对青春期所产生的种种困惑进行解答和疏导，告诉女生怎样远离危险，防范性侵，学会保护自己，让美丽的花朵在阳光下绽放。

我们是从哪里来的？是从河里捡来的吗？这是很多小朋友都会问妈妈的问题。《人从哪里来》这本书从不同的角度讲解性教育知识，帮助青少年正确理解性，解除性困惑。

《悸动的心思》让男孩子了解自己身体生长发育时会出现的生理变化，介绍了青少年犯罪的危害和如何远离犯罪等内容，解答了男孩从身体到心理的各种困惑，帮助男孩子们顺利度过青春期。